KB182687

초등 문해력이 자라는

창용쌤의
행복
필사
노트

꼭
참고해 줘!

일러두기

1. 맞춤법은 국립국어원 표준국어대사전을 따르되 원작의 묘미를 살리는 낱말과 띄어쓰기는
   그대로 두었습니다.

2. 이 책에 재수록된 글은 한국문학예술저작권협회와 출판권을 가진 출판사를 통해
   저작권자의 동의를 얻었습니다. 부득이하게 허가를 받지 못한 저작권이 있다면 출판사로
   연락 부탁드립니다.

3. 책 제목은 『 』(겹낫표)로, 시나 산문은 「 」(홑낫표)로 표기했습니다.

초등 문해력이 자라는

창용쌤의 행복 필사 노트

싸이클

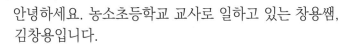

안녕하세요. 농소초등학교 교사로 일하고 있는 창용쌤, 김창용입니다.

요즘 많은 친구들이 감정 표현하기를 어려워하고, 바쁜 일과로 친구들과 노는 시간보다 혼자 지내는 시간이 많은 것 같아요. 그래서 선생님은 우리 친구들이 학교에서 만이라도 외롭지 않고, 모두가 행복하게 지낼 수 있는 교실을 꿈꾸었어요.

기사나 SNS를 보면 학교 폭력, 교권 추락 등 학교가 많이 삭막해진 것 같지만, 사실 학생을 사랑하는 선생님과 선생님을 존경하는 학생 등 화목한 교실이 훨씬 많아요.

저도 그런 선생님 가운데 한 사람이 되고 싶어서 아이들에게 피아노 연주를 들려주고, 칠판에 예쁜 손 글씨를 쓰기도 하고, 다쳐서 한동안 병원에 있다가 오랜만에 등교한 제자에게 깜짝 이벤트를 해 주기도 했답니다. 그런 일상을 SNS에 올렸는데, 한순간에 많은 사람의 관심을 받게 되었어요. 우리 반 친구의 깜짝 이벤트 영상이 대중에게 감동을 선사했다는 사실이 놀랍기도 하고 기쁘기도 했어요. 늘 감사하게 생각하고 있답니다.

선생님은 우리나라, 전 세계 모든 아이들이 행복한 교실, 행복한 가정에서 마음껏 사랑받고 꿈을 펼칠 수 있는 환경에서 자랐으면 해요. 이건 모든 어른의 바람일 거예요. 하지만 안타깝게도 그렇지 못한 환경에 놓일 수도 있고, 자라면서 다양한 경험을 하며 여러 어려움을 겪을 수 있어요.

관계가 어려운 친구, 부모님의 기대가 버거운 친구, 형편이 어려운 친구, 공부가 힘든 친구, 꿈이 없어서 고민인 친구 등 여러 성장통을 겪게 될 거예요. 그럴 때 옆에 좋은 선생님이나 내 이야기를 잘 들어주고 길잡이가 되어 줄 부모님, 또는 그런 친구가 있다면 좋겠지만, 그렇지 못하더라고 크게 낙담할 필요는 없어요. 내 앞에 놓인 문제를 해결하기 위해서는 남의 도움보다 스스로 생각해서 해결해야 해요. 그리고 스스로 생각하는 힘을 키우는 방법은 바로 좋은 글이 담긴 책을 읽는 거예요.

책에는 내가 다 겪고 일일이 배울 수 없는 여러 경험과 생각, 이야기가 담겨 있어요. 책을 읽으면서 감동적인 문장, 마음에 담고 싶은 문장을 골라 따라 쓰기, 즉 필사하면 생각이 넓어지고, 마음을 차분히 가라앉히면서 스스로 생각하는 힘을 키울 수 있답니다.

글씨를 너무 잘 쓰려고 노력하지 않아도 돼요. 대신 글의 의미를 이해하며, 한 자 한 자 정성스럽게 쓰려고 노력해 보세요. 어느새 내 앞에 놓인 고민은 사라지고, 마음을 행복으로 채울 수 있을 거예요.

창용쌤

<추천사>

이 책은 예쁜 글씨를 따라 쓰는 단순한 활동을 넘어, 글씨를 쓰는 행위를 통해 자신을 발견하고 표현하는 힘을 키우도록 돕는 다정한 길잡이가 되어 줄 것입니다.

무엇보다 이 책은 작가의 아내로서 가까이에서 지켜본 창용쌤의 노력과 진심이 고스란히 담긴 결과물이라 더욱 특별합니다. 글씨의 아름다움과 가치를 아이들에게 전하고자 하는 작가의 마음이 책 곳곳에 스며들어 있습니다. 아이들이 한 글자 한 글자 써 내려가는 동안 느낄 기쁨과 성취감이 마음속에 오래도록 머물기를 바랍니다.

- 최소정 선생님(부곡초등학교 교사, 창용쌤 아내)-

필사(筆寫)는 베끼어 쓴다는 뜻이에요. 요즘처럼 인쇄술이 발달하지 않았던 아주 오래 전에는 책을 만들 때 사람이 일일이 손으로 베껴 써야 했어요. 요즘은 인쇄술이 발달해서 책을 만들기 위해 필사하는 일은 없지만, 필사는 여러 가지 목적이 있답니다.

❶ 문해력이 향상돼요.

훌륭한 작품이나 글을 따라 쓰면 문장의 구조와 깊이를 더 잘 느낄 수 있어서 문해력이 향상돼요.

❷ 문장력이 향상돼요.

잘 쓴 글을 반복적으로 쓰는 과정에서 자연스럽게 문장 구조와 어휘를 체득하게 돼요.

❸ 기억력이 좋아져요.

손으로 직접 글을 따라 쓰면 글의 내용이 머릿속에 더 오래 남게 되고, 중요한 정보를 효과적으로 기억할 수 있어요.

❹ 창의력이 생겨요.

다른 사람의 글을 필사하다 보면 감상을 통해 새로운 아이디어도 떠오르게 돼요. 생각하는 힘과 창의력이 생긴답니다.

❺ 스스로를 되돌아보며 마음이 차분해져요.

좋은 글을 통해 자신을 되돌아보게 되며, 마음을 차분하게 다스릴 수 있어요.

❻ 인내심과 성취감이 생겨요.

글씨를 쓰기 시작할 때는 마음이 조급해질 수 있지만 쓰는 동안 인내심이 길러져요. 또 쓰는 동안 집중력이 좋아지고, 다 쓰고 나면 해냈다는 성취감이 생기지요.

- 필사는 좋은 문장 또는 나에게 필요한 글, 배울 점이 많은 글을 쓰는 것이 좋아요.

- 일찍 일어나서 학교 가기 전이나 자기 전 등 여유 있는 시간에 써요. 글을 마음에 새기며 천천히 꼼꼼하게 쓰는 게 좋아요. 그래야 마음에 오래 남는답니다.

- 필사를 다 쓴 다음 자신만의 생각을 적어요. 필사를 하고 공간이 남으면 '작가는 왜 이런 글을 썼을까?', ' 내 생각은 좀 다른데?' 어떤 내용이든 괜찮아요.

- 본문 내용을 필사한 뒤 '자유 필사 노트'에 추천 도서 목록이나 자기가 감명 깊게 읽은 책의 내용을 필사해 봐요.

- 글씨를 예쁘게 써야 한다는 부담을 버려요. 대신 한 자 한 자 정성스럽게 쓰려고 노력해요.

- 책에 있는 글과 원하는 글을 자유 필사 노트에 날마다 꾸준히 써 보세요.『창용 쌤의 행복 필사 노트』를 다 쓴 뒤에 달라진 나를 발견할 거예요.

우리 같이
시작해 볼까?

목차

글은 병든 마음을 고치는 의사다.

- 아이스킬로스 -

제 주위에는 자신이
행복한지도 모르는
친구들이 많았어요.
아무리 힘든 일이 닥쳐도
계속해서 행복하다고
생각할 작정이에요.

_『키다리 아저씨』 중에서

1

행복이 필요할 때
쓰는 글

『키다리 아저씨』

제 주위에는 자신이
행복한지도 모르는
친구들이 많이 있어요.
행복에 젖어 있다 보니,
행복을 느끼는 감정이
둔해진 거예요.
하지만 저는 제 인생
매 순간순간
행복하다고 느끼고 있어요.
아무리 힘든 일이 닥쳐도
계속해서 행복하다고 생각할
작정이에요.

진 웹스터, 1912

진 웹스터

미국의 아동문학가로 본명은 앨리스 제인이에요. 『톰 소여의 모험』을 쓴 미국 유명 작가 마크 트웨인의
조카이기도 해요. '제루샤 애벗'이라는 소녀가 고아원에서 생활하며 느낀 감정과 일화를 담은 편지체 소설
『키다리 아저씨』를 발표하며 유명해졌어요.

월   일   요일

*행복: 생활에서 충분한 만족과 기쁨을 느끼어 흐뭇함. 또는 그러한 상태.

2

『소공녀 세라』

세라는 행복한 생활 덕분에
더 강해졌고, 늘 기대감을 갖고
지냈다.
심부름을 갔다가 축축하고
지치고 허기져서 돌아와도,
계단만 올라가면 따뜻한 곳에서
배를 채울 수 있으니 괜찮았다.
아무리 힘든 날에도
다락방 문 너머에 어떤 광경이
펼쳐질지, 어떤 새로운 기쁨이
기다릴지 기대하노라면
더없이 행복해졌다.

프랜시스 호지슨 버넷, 박혜원 옮김, 더모던, 2019

프랜시스 호지슨 버넷

영국에서 태어나 미국에서 활동한 소설가이자 아동문학가예요. 철물점 주인이었던 아버지가 돌아가시자 1865년 미국으로 이주했고, 생계를 위해 잡지에 글을 발표하며 작가로 활동하기 시작했답니다.

*광경: 벌어진 일의 형편과 모양.
*허기: 몹시 굶어서 배고픈 느낌.

『강아지똥』

"그런데 한 가지 꼭 필요한 게
있어."
민들레가 말하면서 강아지똥을
봤어요.
"……."
"네가 거름이 돼 줘야 한단다."
"내가 거름이 되다니?"
"네 몸뚱이를 고스란히 녹여
내 몸 속으로 들어와야 해.
그래야만 별처럼 고운
꽃이 핀단다."

권정생 글, 정승각 그림, 길벗어린이, 1996

📎 권정생

우리나라를 대표하는 아동문학가 가운데 한 분이에요. 『강아지똥』, 『몽실 언니』 등의 작품을 통해 세상 가장
낮은 곳에서 가난하고 외로운 존재의 소중함과 희망을 따뜻하게 표현했어요.

*거름: 식물이 잘 자라도록 땅을 기름지게 하기 위하여 주는 물질. 똥, 오줌, 썩은 동식물 따위가 있다.

4

『강아지똥』

봄이 한창인 어느 날,
민들레 싹은 한 송이
아름다운 꽃을 피웠어요.
향긋한 꽃 냄새가 바람을
타고 퍼져 나갔어요.
방긋방긋 웃는 꽃송이엔
귀여운 강아지똥의
눈물겨운 사랑이
가득 어려 있었어요.

권정생 글, 정승각 그림, 길벗어린이, 1996

*눈물겹다: 눈물이 날 만큼 가엾고 애처롭다.

5

『안네의 일기』

'햇살과 구름 한 점 없는 하늘,
이런 것들을 볼 수 있는 한
난 절대 불행할 수 없을 거야.'

두렵거나 외롭고 불행한 사람들을
치료하는 최고의 방법은
밖으로 나가 자연 그리고
신과 함께 하는 거야.

그래야 하느님의 바람은
인간이 자연의 아름다움 속에서
행복을 누리는 것임을
알 수 있을 테니까.

이 모든 것이 존재하는 한
어떤 어려움이 닥쳐도
슬픔을 위로 받을 수 있을 거야.
그리고 어떤 고난 속에서도
자연이 인간에게 위안을
줄 거라고 굳게 믿어.

안네 프랑크, 최지현 옮김, 보물창고, 2024, 228쪽

📎 안네의 일기

『안네의 일기』는 유대인 소녀 안네 프랑크가 쓴 일기예요. 유대인을 학살했던 독일군을 피해 은신처에 숨어 살면서 겪은 생각과 일상 등을 고스란히 적었어요. 청소년 시기를 거치는 소녀의 감정과 유대인으로서의 애환 등을 녹여 낸 작품이에요.

6

『겪어보면 안다』

굶어보면 안다,
밥이 하늘인걸

목마름에 지쳐 보면 안다,
물이 생명인걸

일이 없어 놀아보면 안다,
일터가 낙원인걸

아파보면 안다,
건강이 가장 큰 재산인걸

잃은 뒤에 안다,
그것이 참 소중한걸

*낙원: 아무런 괴로움이나 고통이 없이 안락하게 살 수 있는 즐거운 곳.

이별하면 안다,
그이가 천사인걸

지나보면 안다,
고통이 추억인걸

불행해지면 안다,
아주 작은 게 행복인걸

죽음이 닥치면 안다,
내가 세상의 주인인걸

김홍신, 해냄, 2024

📎 김홍신

김홍신 작가는 우리나라 소설가예요. 『인간시장』, 『바람 바람 바람』, 『인간수첩』 등을 통해 산업사회의 비리와 모순을 표현한 작품을 주로 발표했어요. 특히 1981년에 발표한 『인간시장』은 백만 부 넘는 베스트셀러 였어요.

7

『빨간 머리 앤』

정말로 즐겁고 행복한 나날이란
멋지고 놀라운 일이 일어나는
날이 아니에요.
진주 알들이 알알이 한 줄로
꿰어지듯이 소박하고 작은
기쁨들이 조용히 이어지는
날들이에요.
웃을 수 있는 한,
인생은 살아갈 가치가 있다고
느껴요.

루시 모드 몽고메리

📎 루시 모드 몽고메리

캐나다 소설가예요. 소설뿐만 아니라 동화와 시도 썼으며, 교사 생활도 했어요. 대표작인 『빨간 머리 앤』은 나이 지긋한 커스버트 남매가 수다쟁이 어린 여자아이 앤을 입양하며 그린 작품이에요. 앤의 순수한 매력을 통해 인생의 행복과 즐거움을 느낄 수 있어요.

8

『나는 여전히 걸어가는 중입니다』

마음을 따뜻하게 해주는 일들을
미루지 말고 살아야겠다.
한가로운 마음으로 맑은 공기를
마시는 일.
앞만 보지 않고 자주 고개를
들어 예쁜 하늘을 보는 일.
바람 소리와 풀벌레의 음악에
눈을 감고 몸을 실어 보는 일.
그런 것들.

김소영, 드림셀러, 2024, 205쪽

나는 여전히 걸어가는 중입니다

저자는 젊은 도예가로 산티아고 순례길을 아홉 번이나 다녀왔어요. 이 책은 순례길을 걸으며 겪은 경험과 생각을 담은 에세이예요. 순례란 종교적 의미가 있는 곳을 말하는데, 산티아고 순례길에는 예수님의 열두 제자 중 한 명인 성 야고보의 무덤이 있어요.

9

『나를 아끼는 정성스러운 생활』

내 곁의 행복을 틈틈이
떠올리면 놀라울 만큼
마음이 평온해진다.
그러면 못다 한 일과
제자리걸음하는 일로 향하던
못마땅한 시선이 조금은
너그러워진다.
늘 내 곁을 지키는 행복을
떠올리는 건 이토록 중요하다.

아사코, 싸이프레스, 2023, 75쪽

*제자리걸음: 상태가 나아가지 못하고 한자리에 머무르는 일. 또는 그런 상태.
*평온: 조용하고 편안함.

10

「별똥 떨어진 데」

나무처럼 행복한 생물은 다시
없을 듯하다. 굳음에는 이루 비길
데 없는 바위에도 그리 탐탁치는
못할망정 자양분이 있다 하거늘
어디로 간들 생의 뿌리를 박지
못하며, 어디로 간들 생활의
불평이 있을소냐. 직직하면 솔솔
솔바람이 불어오고, 심심하면
새가 와서 노래를 부르다 가고,
촐촐하면 한 줄기 비가 오고,
밤이면 수많은 별들과 오순도순
이야기할 수 있고

윤동주

📎 윤동주

일제강점기 때 짧은 생을 살다 간 시인이자 독립운동가예요. 일제 탄압에 대한 저항시를 많이 발표했어요. 독립운동으로 옥에 갇히게 되었고, 내성적인 성격임에도 불구하고 일본인 재판관 앞에서도 당당했어요. 고문으로 27세에 옥사했답니다.

34

생각을 비틀어서
마음의 잡동사니로
가득 찬 '생각 창고'를
비워야 합니다.
쓸모없는 걸 잘 버리는
용기도 지혜니까요.

_「겪어보면 안다」 중에서

2

걱정이 많을 때
쓰는 글

『톰 소여의 모험』

톰은 자신을 둘러싼 문제를
모두 잊었다.
문제들이 어른들에 비해
덜 무겁거나 덜 고통스러워서가
아니라 새롭고 더 강한 관심사가
골치 아픈 문제를 잠시
마음에서 몰아냈기 때문이다.
어른들도 새로운 일에 관심을
가지면 예전의 불행은
까맣게 잊는 것처럼 말이다.

마크 트웨인, 1876

마크 트웨인

마크 트웨인은 미국 작가예요. 어린 시절 인쇄소 수습공으로 일하다가 커서는 증기선에서 도선사로 일했어요. 신문사에 글을 쓰면서 '마크 트웨인'이라는 필명을 사용하기 시작했고 『톰 소여의 모험』, 『허클베리 핀의 모험』, 『왕자와 거지』, 『전쟁을 위한 기도』 같은 책을 발표하며 유명해졌어요.

「근심하는 바가 있으면 바름을 얻지 못한다」

이른바 '몸을 닦는다는 것은
그 마음을 바르게 하는 데에
있다'고 하는데, 마음에 화내고
성내는 바가 있으면
그 바름을 얻지 못하며,
두려워하고 두려워하는
바가 있으면
그 바름을 얻지 못하며,
좋아하고 좋아하는 바가 있으면
그 바름을 얻지 못하며,
근심하고 걱정하는 바가 있으면
그 바름을 얻지 못한다.

증자·자사, 『대학·중용: 수양과 덕치의 고전』, 김원중 옮김, 휴머니스트, 2020, 72쪽

대학(大學)

대학은 유가의 근본 이념을 명확하고도 일관된 체계로 정립한 유교 경전이에요. 사서(논어, 맹자, 대학, 중용) 중 하나랍니다. 본래 유교의 경전인 오경 중 하나에 속해 있었는데, 송나라 철학자 주희가 내용을 다듬어 독립된 학문으로 만들었어요.

『겪어보면 안다』

생각을 비틀어서 마음의
잡동사니로 가득 찬
'생각 창고'를 비워야합니다.
쓸모없는 걸 잘 버리는 용기도
지혜니까요.
생각 비트는 일에는 시간이
걸리거나 고난이 따르지
않습니다.
법에 저촉되지도 않지요.
생각 비틀기는 그야말로
공짜입니다.
생각을 비틀면 인생도 바뀝니다.

김홍신, 해냄, 2024

*저촉: 서로 부딪히거나 모순됨.

『인생의 열 가지 생각』

'가난'이라는 단어에는
현실적인 슬픔이 스며 있지요.
넉넉하지 못하다는 것은 분명
불편한 일입니다.
삶을 옥죄기도 하고요.
그러나 저는 살아오면서
가난이란,
물건을 적게 갖는 것뿐만 아니라
마음 또한 어디에도 얽매이지
않는 상태라는 것을
깨달았습니다.

이해인, 마음산책, 2023

 이해인

카톨릭 베네딕도회 소속 수녀님이에요. 1968년 출가했으며, 어려서부터 독서와 글쓰기를 좋아했다고 해요. 1970년에는 시인으로 등단해 여러 수필을 쓰기도 했어요. 책을 통해 종교를 넘어 사랑과 평화를 전하고 있어요.

*옥죄다: 옥여 바싹 죄다.

모모는 가만히 앉아서
따뜻한 관심을 갖고
온 마음으로 상대방의
이야기를 들었을 뿐이었다.

_「모모」 중에서

3

지혜가
필요할 때 쓰는 글

15

『모모』

모모는 어리석은 사람이 갑자기
아주 사려 깊은 생각을 할 수
있게끔 귀 기울여 들을 줄 알았다.
상대방이 그런 생각을 하게끔
무슨 말이나 질문을 해서가
아니었다.
모모는 가만히 앉아서
따뜻한 관심을 갖고 온 마음으로
상대방의 이야기를 들었을
뿐이었다.
그러면 그 사람은 자신도
깜짝 놀랄 만큼 지혜로운 생각을
떠올리는 것이었다.

미하엘 엔데, 한미희 옮김, 비룡소, 2024, 23쪽

미하엘 엔데

독일의 동화·판타지 작가예요. 작가로 이름나긴 했지만 연기에도 재능이 많았고 연극배우, 연극 평론가 등 다양한 분야에서 활동했어요. 대표작으로는 『마법의 설탕 두 조각』, 『모모』 등이 있어요. 특히 미하엘 엔데는 우리나라에 처음 『모모』를 알린 한국인 번역가와 친분이 있어 한국에 대한 애정도 남달랐답니다.

*사려: 여러 가지 일에 대하여 깊게 생각함.

16

『모모』

" 아가, 네가 살아온 시간,
다시 말해서 지나온 너의
낮과 밤들, 달과 해들을 지나
되돌아간다고 말할 수도
있을 게다.
너는 너의 일생을 지나
되돌아가는 게야.
언젠가 그 문을 통해 들어왔던
둥근 은빛 성문에 닿을 때까지
말이지. 거기서 너는 그 문을
다시 나게 되지."

미하엘 엔데, 한미희 옮김, 비룡소, 1999, 218쪽

17

『채근담 하룻말』

뜻을 곧게 지키려는
사람은 따뜻한 마음을 가져야
다툼의 길로 들어서지
않을 것이고
이름을 높이려 하는 사람은
겸손한 마음을 버리지 않아야
질투의 문으로 들어서지
않을 것이다.

홍응명, 박영률 옮김, 지식공작소, 2019

채근담

『채근담』은 중국에서 경전처럼 읽히는 책이에요. 유교를 중심으로 한 인간의 도리나 격언 같은 짧은 글이 담겨 있어요. 『채근담』은 크게 명나라 홍자성이 쓴 것과 청나라 홍응명이 쓴 것으로 나뉘어요.

*겸손: 남을 존중하고 자기를 내세우지 않는 태도.

18

「빨강머리 앤」

저요, 이 순간을 즐기기로
결심했어요.
즐기기로 마음만 먹으면 대부분
즐겁게 생각할 수 있거든요.
(중략)
저 꽃들은 분명 들장미로
태어나서 행복할 거예요.
장미가 말을 할 수 있다면
근사할 텐데.
틀림없이 아주 아름답고
우아한 이야기를 해 줄 거예요.

루시 모드 몽고메리 원저

빨강머리 앤

루시 모드 몽고메리의 『빨간 머리 앤』은 영화나 애니메이션으로도 각색이 되어 많은 사람의 사랑을 받았어요. 그중에서도 1979년 일본에서 방영한 타카하타 이사오 감독의 「빨강머리앤」은 원작을 충실히 재현해 작품성을 인정받았지요.

*중략: 글이나 말의 중간 일부를 줄임.

19

『나는 여전히 걸어가는 중입니다』

시간이 해결해줄 거라는 말

어릴 때부터 들었던 말 중
시간이 다 해결해줄 거라는
어른들의 말은 모두
거짓말이었다.
결국 시간은 아무것도
해결해주지 않았다.

그 언젠가의 일을 지금
웃으며 말할 수 있는 건
그 시간 속에서 나만의
방법으로 노력했기 때문이다.

김소영, 드림셀러, 2024, 84쪽

*노력: 목적을 이루기 위하여 몸과 마음을 다하여 애를 씀.
*해결: 제기된 문제를 해명하거나 얽힌 일을 잘 처리함.

20

「성실함에 대하여」

성실함이란 스스로 이루는
것이요, 도는 스스로 이끌어가는
것이다.
성실함이란 만물의 끝과
시작이니, 성실하지 않으면
어떤 만물도 없게 된다.
그러므로 군자는
성실함을 귀하게 여긴다.
성실함은 스스로 자신을 이루게
할 뿐만 아니라 만물을
이루게 하는 까닭이다.

증자·자사, 『대학·중용: 수양과 덕치의 고전』, 김원중 옮김, 휴머니스트, 2020, 231쪽

*만물: 세상에 있는 모든 것.

21

「형제자매(兄弟姉妹)」

형제와 자매는 한 기운을 받고
태어났으니
형은 동생을 사랑하고 아우는
공손히 하여 서로 원망하거나
화내지 말아야 한다.
뼈와 살은 비록 나누어졌으나
본래 한 기운에서 태어났으며
겉모습은 비록 다르나 본래
한 핏줄로 이어져 있느니라.
형제는 서로 화합하여
길을 갈 때는 기러기 떼처럼
나란히 가야 한다.

『사자소학(四字小學)』

兄弟姉妹(형제자매)　　同氣而生(동기이생)　　兄友弟恭(형우제공)　　不敢怨怒(불감원노)
骨肉雖分(골육수분)　　本生一氣(본생일기)　　形體雖異(형체수이)　　素受一血(소수일혈)
兄弟怡怡(형제이이)　　行則雁行(행칙안행)

*화합: 화목하게 어울림.

22

「시필사명(視必思明)」

볼 때는 반드시
밝게 볼 것을 생각하고
들을 때는 반드시
밝게 들을 것을 생각하며
낯빛은 반드시
온화하게 할 것을 생각하고,
용모는 반드시
공손하게 해야 한다.
말은 반드시
성실하게 할 것을 생각하고,
일은 반드시
공손하게 할 것을 생각하며

의심나는 것은 반드시
물을 것을 생각하고,
반드시 물을 것을 생각하고,
분노가 날 때는 반드시
후환을 생각하며
얻을 것을 보면
의를 생각해야 하니
이것을 아홉 가지 생각이라고
한다.

『사자소학(四字小學)』

視必思明(시필사명)　　聽必思聰(청필사총)　　色必思溫(색필사온)　　貌必思恭(모필사공)
言必思忠(언필사충)　　事必思敬(사필사경)　　疑必思問(의필사문)　　忿必思難(분필사난)
見得思義(견득사의)　　是曰九思(시왈구사)

*분노: 분개하여 몹시 화를 냄.
*후환: 어떤 일로 말미암아 뒷날 생기는 걱정과 근심.

23

「내가 원하는 우리나라」

나는 우리나라가 세계에서 가장 아름다운 나라가 되기를 원한다. 가장 부강한 나라가 되기를 원하지 않는다. 내가 남의 침략에 가슴이 아팠으니 내 나라가 남을 침략하는 것을 원치 않는다. 우리의 부력이 우리의 생활을 우리의 강력이 남의 침략을 막을 만하면 족하다. 오직 한없이 가지고 싶은 것은 높은 문화의 힘이다. 문화의 힘은 우리 자신을 행복하게 하고 나아가서 남에게 행복을 주기 때문이다.

김구, 『백범일지』, 1929

📎 김구

우리나라 독립운동가이자 정치인이에요. 국권을 빼앗긴 나라를 되찾으려면 새로운 인재가 필요하다고 판단해 애국계몽운동을 펼쳤어요. 일제강점기 때는 대한민국 임시정부의 내무위원으로 활동했으며, 해방 후에는 이승만과 함께 대한민국 초대 대통령 후보였어요.

24

「두 개의 주머니」

모든 사람은 두 개의 주머니를
차고 다닌다.
하나는 앞에 또 하나는 뒤에 있다.
두 개의 주머니는 모두
나쁜 점으로 가득 차 있다.
앞 주머니에 담긴 것은
다른 사람의 나쁜 점,
뒷 주머니에 담긴 것은
나의 나쁜 점.
그래서 사람들은 자신의
나쁜 점은 보지 못하고
다른 사람의 나쁜 점은 잘 본다.

이솝, 『이솝 우화』

📎 이솝 우화

아이소포스 우화 또는 이솝 우화라고 해요. 고대 그리스의 아이소포스(이솝)라는 사람이 지은 우화예요.
우화란 동물이나 식물을 사람처럼 인격화해서 그들을 주인공으로 풍자와 교훈을 담아 지은 이야기랍니다.

25

「사이불학즉태(思而不學則殆)」

공자가 말하길
배우고 생각하지 않으면 어둡고,
생각하고 배우지 않으면
위태롭다.

子曰: 學而不思則罔, 思而不學則殆
　　　(학이불사즉망, 사이불학즉태)

판덩 지음, 이서연 옮김, 『당신이 만나야 할 단 하나의 논어』 미디어숲, 2024, 87쪽

📎 **논어(論語)**

공자와 제자들의 대화를 기록한 책으로 사서 중 하나예요. 다른 경전과 달리 공자가 제자와 질문하고
대답하는 형식을 띄고 있어 토론(論 논할 론, 논)과 제자들에게 전한 가르침(語 말씀 어)이란 의미를 지니고
있어요.

26

『당신이 만나야 할 단 하나의 논어』

정직함은 다른 사람이 자신을
어떻게 평가할지 신경 쓰지 않는
태도에서 비롯된다.
자신이 고귀한지 비천한지
신경 쓰지 않기에 일부러
다른 사람의 비위를 맞추려
하지도 않고, 있는 그대로
솔직하게 모든 사람과 마주한다.
정직함은 인생을 편안하고
단단하게 만들어 주는 갑옷이다.

판덩 지음, 이서연 옮김, 미디어숲, 2024, 182쪽

27

『나를 아끼는 정성스러운 생활』

이미 일어난 일을
어떻게 받아들이면 좋을까?
옳고 그름을 따지기 전에
그대로 느껴 보자.
스스로가 한심하게 느껴지고
화가 난다면 내가 무언가를
움켜쥐고 있다는 뜻이다.
어쩌면 무엇을 움켜쥐고
있는지까지 알 수 있을지 모른다.
무엇을 꼭 쥐고 있는지
깨달았다면 너무 무겁게
받아들이지는 말 것.

아사코, 싸이프레스, 2023, 126쪽

서로 도우며 함께하는 거였다.
그게 친구였다.

_「푸른 사자 와니니」 중에서

4

우정과 용기가
필요할 때 쓰는 글

28

『푸른 사자 와니니』

와니니와 친구들은 이미 한
무리였다. 힘들고 지칠 때 서로
돕는 친구들이었다.
와니니 무리는 그리 용맹하지
않지만, 늘 함께해 왔다.
강해서 함께하는 게 아니었다.
약하고 부족하니까 서로 도우며
함께하는 거였다. 그게 친구였다.
힘들고 지칠 때 서로 돌봐 주는 것.
와니니들은 그것이 무리지어
사는 이유라고 믿고 있었다.

이현, 창비, 2015, 187쪽

푸른 사자 와니니

한 살짜리 어린 사자 와니니가 무리에서 쫓겨난 뒤 초원을 떠돌며 겪은 일과 성장 과정을 담은 장편 동화예요.
이 책을 쓴 이현 작가는 『짜장면 불어요!』, 『로봇의 별』, 『악당의 무게』 같은 동화와 청소년 소설 등을
썼답니다.

29

『두근두근 내 인생』

아버지가 묻는다.
다시 태어난다면 무엇이 되고
싶으냐고 나는 큰 소리로
답한다. 아버지, 나는 아버지가
되고 싶어요.
아버지가 묻는다.
더 나은 것이 많은데,
왜 당신이냐고 나는 수줍어
조그맣게 말한다.
아버지, 나는 아버지로 태어나
다시 나를 낳은 뒤 아버지의
마음을 알고 싶어요.
아버지가 운다.

김애란, 창비, 2011, 7쪽

📎 두근두근 내 인생

빨리 늙는 병 조로증에 걸린 소년과 그의 어린 부모의 이야기가 담긴 소설이에요. 나이는 열일곱 살이지만
외모는 여든처럼 보이는 소년 아름은 사람들의 관심과 호기심 등을 한몸에 받습니다. 그 속에서 겪게 되는
아픔과 사랑, 따뜻한 위로 등을 느낄 수 있어요.

30

『탈무드』

지혜로운 사람은 본 것을
이야기하지만 어리석은 사람은
들은 것을 이야기 한다.

슬기로운 자와 벗하면
자연스럽게 현명해지고,
어리석은 자와 벗하면
기필코 해를 입는다.

이미 끝나 버린 일을 후회하기보다
하고 싶었던 일들을
하지 못한 것을 후회하라.

탈무드

유대인 율법학자들이 유대교의 율법과 전통 등 유대인이 지켜야 할 정신적, 문화적 유산을 위해 정리한 짧은
글이에요. 유대교의 율법 중 하나인 「모세의 5경」 다음으로 중요하게 여기고 있으며, 일반인에게도 교훈이
될 만한 내용이 많아요.

31

『어린 왕자』

아무도 너를 길들이지 않았고,
너는 아무도 길들이지 않았어.
넌 내 여우가 그랬던 것 같아.
수많은 다른 여우와 다를 게
없었지만 나는 그를 내 친구로
만들었고, 이제 그는 세상에서
오직 하나뿐인 여우가 되었어.
(중략)
그리고 여기 나의 비밀,
그것은 오직 마음으로만 올바르게
볼 수 있지. 가장 중요한 것은
눈에 보이지 않아.

생텍쥐페리, 1943

생텍쥐페리

프랑스 작가이자 비행사로 그의 대표작인 『어린 왕자』는 비행을 하며 사막에서 보낸 시기에 영감을 얻어 쓴 작품이에요. 사막에 불시착한 조종사가 별을 여행하고 있는 어린 왕자를 만나는 내용이에요.

32

「근묵자흑(近墨者黑)」

먹을 가까이 하면 검어지고
붉은 돌을 가까이하면 붉게 된다.
그러니 거처할 때에는
반드시 친구를 가리고,
나아갈 때에는 반드시
덕 있는 사람에게 가야 한다.
사람을 가려 사귀면
도움과 유익함이 있고
가리지 않고 사귀면
도리어 해가 있느니라.
친구에게 잘못이 있거든
충고하여 착한 길로 인도하라.

『사자소학(四字小學)』

近墨者黑(근묵자흑)   近朱者赤(근주자적)   居必擇隣(거필택린)   就必有德(취필유덕)
擇而交之(택이교지)   有所補益(유소보익)   不擇而交(부택이교)   反有害矣(반유해의)
朋友有過(붕우유과)   忠告善導(충고선도)

*거처: 일정하게 자리를 잡고 사는 일.

33

『푸른 사자 와니니6: 수사자 아산테』

아산테는 그날을 손꼽아
기다려 왔다.
어서 빨리 어른이 되어
갈기를 휘날리며
초원으로 달려 나가고 싶었다.
엄마들을 떠나는 건 슬픈
일이지만, 멀고 먼 초원
저편에서 근사한 모험이
아산테를 기다리고 있을 터였다.

이현, 창비, 2023, 18쪽

34

『불량한 자전거 여행』

다 들 싸 우 고 있 었 다.
나 도 싸 우 는 중 이 다.
처 음 에 는 싸 움 상 대 가
가 지 산 인 줄 알 았 다.
하 지 만 산 은 그 냥 가 만 히
있 을 뿐 이 다.
나 와 싸 우 는 거 다.
어 떤 곳 인 지, 무 엇 이 나 를
기 다 리 는 지 모 르 지 만
산 을 넘 으 면 알 수 있 다.

김남중, 창비, 2009, 130쪽

 불량한 자전거 여행

호진이라는 6학년 소년이 삼촌이 이끄는 자전거 여행에 함께하며 겪는 이야기를 담은 장편 동화예요.
이혼하기로 한 부모님을 둔 호진이, 여행을 하며 만난 말기암 환자 등 서로의 이야기를 들으며 겪는 여정을
그려 낸 작품이랍니다.

명언 1

고마워하는 마음만큼
아름다운 것은 없다.
우리가 누구에게
고마워하고 있을 때 거기에는
그 어떤 불화나 반목도
존재하지 않을 것이다.

연암 박지원

 박지원

조선 후기 실학자이자 문장가예요. 청나라에 다녀온 일을 적은 여행기인 『열하일기』를 썼는데, 여행기 안에는
「허생전」 같은 소설도 있어요. 자유분방한 문체 때문에 양반가의 반발을 사기도 했답니다.

명언 2

용기가 있다는 것은
답례로 아무것도 기대하지 않고
누군가를 무조건
사랑하는 것이다.
사랑을 그저 주는 것이다.
우리는 넘어지거나
쉽게 상처 받길 원치 않으므로
사랑하려면 용기가 필요하다.

마돈나

 마돈나

미국의 유명한 가수 겸 배우예요. 대중음악에 많은 영향을 끼친 아티스트예요. 역사상 가장 많은 음반을
판매한 여성 아티스트로 기네스에도 등재되었어요. 여성이나 소수자를 위한 인권 운동도 활발하게 했어요.

37

『데미안』

새 는 알 을 깨 고 나 온 다.
알 은 곧 세 계 다.
태 어 나 고 자 하 는 자 는
한 세 계 를 부 수 어 야 만 한 다.
그 새 는 신 에 게 로 날 아 간 다.
신 의 이 름 은 아 브 락 사 스 다.

헤르만 헤세, 1919

📎 **헤르만 헤세**

헤르만 헤세는 시인, 소설가, 화가 등으로 활동했어요. 독일에서 태어나 스위스 국적을 얻었지요.
전쟁에 반대하고 지나친 '애국주의' 신념에 반대하는 내용을 담은 『데미안』으로 크게 성공을 거두었답니다.

*아브락사스: 여러 고전에서 다양한 해석이 나오는데 『데미안』에서는 선과 악이 함께하는 신을
지칭하는 것으로 묘사되고 있다.

명언 3

아무리 세상을 강렬하게
비추는 태양이라도,
나무를 태우거나
쇠를 녹일 수는 없다.
빛이 분산되기 때문이다.
그 빛을 돋보기에 모아야
비로소 강한 힘이 발생해
무언가를 태울 수 있다.

연암 박지원

39

명언 4

실패란 당신이 실패자란
의미가 아니다.
아직 성공하지 못했다는 것을
의미할 따름이다.
실패란 아무것도
이룬 것이 없다는 말이 아니다.
단지 무언가를 터득했다는
의미일 뿐이다.

로버트 해럴드 슐러

📎 로버트 해럴드 슐러

미국의 개신교 목사예요. 1970년대 텔레비전을 통해 설교를 하며 개신교 대중화에 힘썼다는 평가를 받고 있어요.

*터득: 깊이 생각하여 이치를 깨달아 알아냄.

40

『오즈의 마법사』

내가 보기에 너는 이미
용기 있는 사자야.
지금 너한테 필요한 것은
용기가 아니라 자신감이야.
생명이 있는 것들은 위험에
처하면 두려워지기 마련이지.
그런 두려움을 이기고
위험에 맞서는 게 진정한
용기란다. 그런데 너는
그런 용기를 이미 충분히
가지고 있어.

라이먼 프랭크 바움, 1900

라이먼 프랭크 바움

라이먼 프랭크 바움은 미국의 동화 작가예요. 여러 직업을 전전하면서도 아내와 장모님의 응원 덕에 아이들을 위한 글을 썼어요. 그러다 『오즈의 마법사』를 발표하며 큰 사랑을 받았답니다.

명언 5

태산이 높다하되
하늘 아래 산이로다.
오르고 또 오르면
못 오를리 없건만
사람이 스스로 오르지 않고
산을 높다고 한다.

양사언

양사언

양사언은 조선의 문신이자 서예가예요. 조선 전기 4대 명필 중 하나였으며, 비상한 천재였다고 해요.
과거에 급제하여 고을 여덟 곳을 다스렸지만 단 한 번도 부정한 짓을 저지르지 않았고, 가족을 위해 따로 재산
을 마련하지도 않았을 만큼 청빈한 삶을 살았어요.

42

『몽실 언니』

어려움에 부딪치면
금방 쓰러져 버리는
나약한 사람도 있지만,
반대로 더욱 강하게 일어서서
견뎌 나가는 사람도 있는 것이다.
몽실은 아마 어떤 어려움
속에서도 쓰러지지 않고
꿋꿋이 살아갈 것이다.

권정생 글, 이철수 그림, 창비, 2012

📎 몽실 언니

권정생 작가가 쓴 대표 작품 중 하나예요. 「새가정」이라는 교회 잡지에 연재되었으나 10회만에 중단되었어요. 이후 1984년 출판사의 도움으로 글이 완성되어 책으로 나왔어요. 다른 사상 때문에 같은 민족끼리 싸워야 했던 아픔을 그려 낸 작품이에요.

43

『안녕, 나의 아름다운 미물들』

알에서 막 부화했을 때
내 모습은 동그랗고 까만 개미
같았나 봐.
크기도 먼지만큼 작아서
사람들은 우리를
개미누에라고 불렀대.
하지만 두고 보라지.
나는 개미보다 훨씬 커질 테야.
애벌레로, 고치로, 나방으로
거듭해서 진화할 거야.
반드시 멋진 누에나방이
될 테야.

안은영, ㈜메디치미디어, 2024, 21쪽

*부화: 동물의 알 속에서 새끼가 껍데기를 깨고 밖으로 나옴.

달 조각을 주우러 숲으로 가자

_「반딧불」 중에서

5

마음 한편에
담는 시

44

「반딧불」

윤동주

가자 가자 가자
숲으로 가자
달 조각을 주우러
숲으로 가자

그믐달 반딧불은
부서진 달 조각

가자 가자 가자
숲으로 가자
달 조각을 주우러
숲으로 가자

*그믐달: 그믐 전 며칠 동안 보이는 달. 새벽부터 해 뜨기 직전까지 동쪽 하늘에서 볼 수 있다.

45

「봄」

윤동주

우리 아기는
아래 발치에서 코올코올

고양이는
부뚜막에서 가릉가릉

아기 바람이
나뭇가지에서 소올소올

아저씨 해님이
하늘 한가운데서 째앵째앵.

월   일   요일

115

46

「해바라기 얼굴」

윤동주

누나의 얼굴은
해바라기 얼굴
해가 금방 뜨자
일터에 간다.

해바라기 얼굴은
누나의 얼굴
얼굴이 숙어들어
집으로 온다.

47

「서시」

윤동주

죽는 날까지 하늘을 우러러
한 점 부끄럼이 없기를
잎새에 이는 바람에도
나는 괴로워했다.
별을 노래하는 마음으로
모든 죽어가는 것을 사랑해야지.
그리고 나한테 주어진
길을 걸어가야겠다.

오늘 밤에도
별이 바람에 스치운다.

*서시: 긴 시에서 머리말 구실을 하는 부분.

48

「눈」

윤동주

지난 밤에
눈이 소오복이 왔네

지붕이랑
길이랑 밭이랑
추워한다고
덮어 주는 이불인가 봐

그러기에
추운 겨울에만 내리지

49

「사랑」

한용운

봄 물보다 깊으니라
가을 산보다 높으니라

달보다 빛나리라
돌보다 굳으리라

사랑을 묻는 이 있거든
이대로만 말하리

 한용운

우리나라를 대표하는 시인이자 승려예요. 1919년 3·1운동 때 민족을 대표하는 33인 중 한 명으로
독립선언서에 선언했어요. 《님의 침묵》을 출판하며 대중에게 저항 문학을 알리는 데 앞장섰고 불교 대중화에
힘썼답니다.

50

「토마토」

작은비버

여기 토마토가 있다.
그리고 그 옆에도 토마토가 있다.
이름은 제각기 다르고
생김새도 맛도 조금씩 다르지만
모두 '토마토'라고 불린다.
우리도 그렇다.
모두 사람이다.

좁디좁은 평균에
나를 끼워넣고 맞추는 건
정말 어려운 일이다.

*평균: 여러 사물의 질이나 양 따위를 고르게 한 것.

왜 이렇게 어려운지 생각하다가
평균을 맞추지 않아도
전혀 문제가 되지 않는다는
사실을 문득 깨달았다.
생김새는 제멋대로여도
맛 좋은 못난이 채소처럼
말이다.

싸이프레스, 『나는 100kg이다』, 2022

4월의 편지

사랑하는 엘레강스 6-3 친구들에게
벌써 한 달이라는 시간이 지나갔어요
여러분의 빛나는 모습과 따스한 마음이
우리 반을 특별하게 만들고 있어요
선물 같은 너희들, 선물 같은 1년
하루하루를 소중하게 쌓아올려서
세상에서 가장 빛나는 1년을
서로의 마음속에 심어주자

이야기의 구조

발단: 이야기의 시작 ▶
전개: 갈등이 본격적으로 발생 🔥
절정: 갈등이 가장 높아짐 🔥
결말: 갈등의 해소 ☺

이야기를 요약하는 방법 💡

1 발단, 전개, 절정, 결말 떠올리기
2 각 부분의 중요한 사건 찾기 🔍
3 중요하지 않은 내용 삭제
4 사건의 원인과 결과 찾아 정리

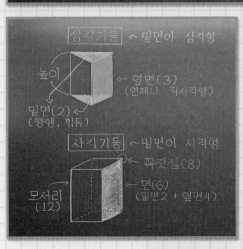

삼각기둥 ～밑면이 삼각형

높이
옆면(3)
(언제나 직사각형)
밑면(2)
(평행, 합동)

사각기둥 ～밑면이 사각형

꼭짓점(8)
모서리
(12)
면(6)
(밑면2 + 옆면4)

6.25전쟁의 전개

1 1950. 6. 25 북한의 기습 남침
2 3일 만에 서울 빼앗김
3 UN군 16개국 파병 결정
4 인천상륙작전 성공
   └ 같은 날 장사상륙작전(학도병)
5 서울 되찾음 (9.28)
6 38선 통과 (10.1) ～ 위로 계속 진격
7 중국군 개입 ～ 흥남철수
8 서울 다시 빼앗김
9 1953. 7. 27 휴전협정

세상은 바뀐다
하나씩 배워간다면
은 정성을 다하여
할 수 있을 것이다
나와 세상을 변하게
경성을 다하는
그러니 오직 세상에서 지극히
변하면 생육된다
이내 변하게 되고
남을 감동시키고
밝아지면 남을 감동시키고
이내 밖으로 드러나고
걸으로 배어 나오고
결국 실에도 최선을 다하면
청성스럽게 하면
청성스럽게 되면
작은 일에도 최선을 다하고
최선을 다해야 한다
작은 일도 무시하지 않고

역킹 中 창용 23장

늘 사랑과
정성을 담아 판서해.

창용쌤 손 글씨 강좌

원주율
3.14159265⋯
지름의 약 3.14배
원의 둘레 = 원주
원주 = 지름 × 3.14
예 지름 5cm인 원주는?
5cm × 3.14 = 15.7cm

정부 (법을 집행)
권력분립
법원   국회
(다툼을 해결)   (법을 만듦)

·국민의 대표기관 ~> 국회
·국민의 대표 ~> 국회의원
·국기의 대표 ~> 대통령

국회에서 하는 일
① 법을 만들고 고치고 없애고 (입법)
② 예산을 심의 ~> 확정   국민세금
   정부에서 예산안 제출

예산규모	실제사용	걷힌세금
2022 ~>	607조	(553조)
2023 ~>	638조	(625조)

"소중한 국민세금 꼭 필요한 곳에만 사용할게요.
국회에서 살펴보고 허락해 주세요!"
③ 정부를 견제 ~> 국정감사 (법에 따라 일 하는지)

밑면
옆면   높이
밑면

둘레   ■ 원주×4   높이×2
          지름 × 3.14
넓이   ◌ 원의 넓이 × 2
          반×반×3.14
       ■ 원주 × 높이

세계의 다양한 삶의 모습

세계의 기후
기후의 뜻 : 여러 해의 평균적인 날씨
기온↑ 강수량↑   사계절   기온↓
열대 -(건조)- 온대 - 냉대 - 한대
      강수량↓   겨울↑

기온↑, 계절의 변화 거의 X
- 열대 우림 ~ 일년 내내 비가 많이 옴
- 열대 초원 ~ 건기와 우기
화전농업, 생태관광산업   고상가옥
카사바, 얌   침수 X, 열기↓

중위도 지역
사계절 뚜렷, 기온과 강수량 적당
- 아시아 ~ 벼농사 (여름에 비↑)
- 유럽 ~ 밀농사 (비가 고르게 옴)
- 지중해 주변 ~ 올리브, 포도

냉대 기후 ~ 중위도와 고위도 사이 지역
사계절 있지만 겨울이 김 (겨울 농사 X)
연교차가 큼 (여름 기온↑, 겨울 기온↓)
여름에 밀, 감자
침엽수림 ~ 목재, 펄프, 통나무집
            종이 원료

한대 기후 ~ 남극, 북극 주변 고위도 지역
기온 매우↓, 얼음과 눈으로 덮힘
- 순록 유목 생활을 하기도 함
- 과학 기지 (기후 환경과 자원 연구)
- 관광 산업 (오로라, 백야)

건조 기후 ~ 주로 바다와 떨어짐
강수량↓ (사막) 강수량↓ (초원)
- 사막 ~ 온 몸을 감싸는 옷
  오아시스 주변, 흙집, 대추야자
- 초원 ~ 유목 생활, 이동식 집
  가축 (털, 가죽, 고기)

129

ㄱ

권정생
김구
김남중
김소영
김애란
김홍신

ㄹ

라이먼 프랭크 바움
로버트 해럴드 슐러
루시 모드 몽고메리

ㅁ

마돈나
마크 트웨인
미하엘 엔데

ㅂ

박지원

ㅅ

생텍쥐페리

ㅇ

아사코
안네 프랑크
안은영
양사언
윤동주
이솝
이해인
이현

ㅈ

자사
작은비버
진 웹스터

ㅍ

판덩
프랜시스 호지슨 버넷

ㅎ

한용운
헤르만 헤세
홍응명

『고래가 그물에 걸렸어요』로버트 버레이 글, 웬델 마이너 그림, 불광출판사, 2015

『괭이부리말 아이들』김중미 글, 송진헌 그림, 창비, 2013

『꿈이 자라나는 말』로라 에동 지음, 이현아 옮김, 나무말미, 2024

『기분을 말해 봐!』앤서니 브라운 지음, 웅진주니어, 2011

『긴긴밤』루리 지음, 문학동네, 2021

『나는 3학년 2반 7번 애벌레』김원아 글, 이주희 그림, 창비, 2016

『나다울 수 있는 용기』도메니코 바릴라 글, 엠마누엘라 부솔라티 그림, 고래이야기, 2024

『내 친구 행운에게』스테파니 드마스 포티에 글, 로라 키에츨러 그림, 노는날, 2024

『너도 하늘말나리야』이금이 글, 송진헌 그림, 푸른책들, 2007

『돼지가 한 마리도 죽지 않던 날』로버트 뉴턴 펙 지금, 사계절, 2005

『두 글자 동시』박혜선 글, 김지현 그림, 뜨인돌어린이, 2024

『마당을 나온 암탉』황선미 글, 김환영 그림, 사계절, 2000

『몬스터 차일드』이재문 글, 김지인 그림, 사계절, 2021

『밤티 마을 영미네 집』이금이 글, 한지선 그림, 밤티, 2024

『별들 사이에 비밀이 있어』샌드라 니켈 글, 에이미 시쿠로 그림, 꿈꾸는섬, 2021

『보리 생태 사전』보리 사전 편집부 저, 윤구병 기획, 보리, 2025

『사자왕 형제의 모험』아스트리드 린드그렌 글, 일론 비클란드 그림, 창비, 2015

『세이 강에서 보낸 여름』필리파 피어스 지음, 논장, 2016

『아낌없이 주는 나무』셸 실버스타인 지음, 시공주니어, 2000

『알사탕』백희나 지음, 스토리보울, 2024

『어느 날 학교에서 왕기철이』백하나 글, 한지선 그림, 논장, 2016

『언제나 다정 죽집』우신영 글, 서영 그림, 비룡소, 2024

『5번 레인』은소홀 글, 노인경 그림, 문학동네, 2020

『와글바글 동물 옛이야기』김세진 외 7명 지음, 보리, 2025

『우리는 언제나 다시 만나』윤여림 글, 안녕달 그림, 위즈덤하우스, 2017

『책과 노니는 집』이영서 글, 김동성 그림, 문학동네, 2009

『초정리 편지』배유안 글, 홍선주 그림, 창비, 2013

『친절한 행동』재클린 우드슨 글, E. B. 루이스 그림, 북극곰, 2022

『하늘 마을로 간 택배』김경미 글, 김무연 그림, 슈크림북, 2023

『학교 가는 날』송언 글, 김동수 그림, 보림, 2011

와니니와 친구들은 이미 한
무리였다. 힘들고 지칠 때 서로
돕는 친구들이었다.
와니니 무리는 그리 용맹하지
않지만, 늘 함께해 왔다.
강해서 함께하는 게 아니었다.
약하고 부족하니까 서로 도우며
함께하는 거였다. 그게 친구였다.
힘들고 지칠 때 서로 돌봐 주는 것.
와니니들은 그것이 무리지어
사는 이유라고 믿고 있었다.

미루지 말 것

마음을 따뜻하게 해주는 일들을
미루지 말고 살아야겠다.
한가로운 마음으로 맑은 공기를
마시는 일.
앞만 보지 않고 자주 고개를
들어 예쁜 하늘을 보는 일.
바람 소리와 풀벌레의 음악에
눈을 감고 몸을 실어 보는 일.
그런 것들.

"아가, 네가 살아온 시간,
다시 말해서 지나온 너의
낮과 밤들, 달과 해들을 지나
되돌아간다고 말할 수도
있을 게다.
너는 너의 일생을 지나
되돌아가는 게야.
언젠가 그 문을 통해 들어왔던
둥근 은빛 성문에 닿을 때까지
말이지. 거기서 너는 그 문을
다시 나게 되지."

지혜로운 사람은 본 것을
이야기하지만 어리석은 사람은
들은 것을 이야기 한다.

슬기로운 자와 벗하면
자연스럽게 현명해지고,
어리석은 자와 벗하면
기필코 해를 입는다.

이미 끝나 버린 일을 후회하기보다
하고 싶었던 일들을
하지 못한 것을 후회하라.

지난밤에
눈이 소오복이 왔네

지붕이랑
길이랑 밭이랑
추워한다고
덮어 주는 이불인가 봐

그러기에
추운 겨울에만 내리지

자유 필사
노트

월   일   요일

월   일   요일

모든 것은 마음이 만들어낸다.
일체유심조